AF316905

LA RÉPUBLIQUE

par

H. BELLAMY

ANGOULÊME

IMPRIMERIE F. LUGEOL ET Cie, RUE D'AGUESSEAU, 18

1875

LA RÉPUBLIQUE

LA RÉPUBLIQUE, C'EST L'ORDRE

La République, partout en progrès, même dans ce département, y rencontre encore des adversaires.

Pourquoi, dans nos campagnes, lui était-on hostile?

1° Le mot effrayait! Il semblait que toute République devait aboutir aux excès dont le souvenir pesait encore sur les esprits.

C'était ne pas tenir compte de la différence des temps et des circonstances.

La Révolution de 89, d'où sortit la première République, avait eu une œuvre immense à faire; il lui avait fallu reconstruire à nouveau la société sur un plan de justice et d'égalité; les privilégiés de l'ancien régime lui avaient naturellement opposé une résistance opiniâtre.

De là des violences et des crimes, que rien, sans doute, ne saurait justifier, et que depuis on a si perfidement exploités pour faire méconnaître et oublier d'immenses bienfaits.

La République actuelle n'a qu'à parfaire l'œuvre de sa devancière du siècle dernier; elle y réussira par les voies pacifiques, par le respect de la légalité, par l'observation stricte de l'ordre public.

On avait donc peur d'un mot. Mais la peur ne raisonne pas; elle égare ceux qui s'y laissent aller.

2° On entendait dire aux ennemis de la République qu'elle serait le triomphe des socialistes et des partageux.

Les timides et les ignorants se laissaient prendre à cette calomnie gratuite.

Ils ne se rendaient pas compte que si quelques rêveurs avaient pu jadis réclamer l'abolition de la propriété, la République n'en pouvait pas être, en bonne justice, tenue responsable.

Le partage des biens est une chose aussi insensée qu'irréalisable.

Fait aujourd'hui, il devrait être recommencé demain. Il y aura toujours des paresseux et des travailleurs, des prodigues et des économes.

On ne peut même comprendre comment il s'opérerait. Les six millions de propriétaires entre lesquels se répartit le sol de la France , et les détenteurs, plus nombreux encore, de la fortune mobilière , rentes , actions , titres quelconques , consentiraient-ils donc à se laisser évincer ?

Ne sait-on pas, d'ailleurs, que le parti républicain compte aujourd'hui dans ses rangs un grand nombre de notabilités du commerce, de l'industrie, de la finance ? Et , à l'Assemblée nationale , n'a-t-on pas constaté que la représentation de la richesse est plus considérable à gauche qu'à droite ?

3° Un préjugé, entretenu avec soin par les partis hostiles à la République, tendait à faire soupçonner dans tout républicain un homme dangereux, fauteur habituel de désordre.

On ne réfléchissait pas qu'on est républicain comme on est monarchiste, par préférence d'esprit, par raison politique, et que la bonne foi et l'honnêteté doivent se rencontrer sous le drapeau de la République comme sous tout autre.

En vérité, c'était faire injure à nos campagnes que chercher à y propager de semblables calomnies.

Le républicain , au contraire , est tenu d'être le scrupuleux observateur de la loi , à laquelle il réserve et donne joyeusement toute l'obéissance qu'il n'a pas à donner au roi ou à l'empereur ; et il n'y a pas de forme politique qui sauvegarde mieux l'ordre que la République, puisque, étant le gouvernement de tous par tous, elle intéresse chacun à son maintien.

LA RÉPUBLIQUE, C'EST LA PAIX

L'empire restauré essaierait certainement, comme tout joueur malheureux, de regagner sur l'Allemagne la partie qu'il a perdue en 1870, et dont la France a dû payer l'enjeu. La République n'a aucune raison de chercher prématurément une revanche de longtemps impossible.

Elle est donc la meilleure garantie de la continuation de la paix. Elle ne rêve pas de propagande au dehors et n'inquiète pas les monarchies d'Europe.

Aussi recueille-t-elle, à l'étranger, des sympathies que l'empire, à bon droit suspect, par suite de sa politique versatile et perfide, n'a jamais pu obtenir.

L'Europe estime que sa sécurité est intéressée à ce que la France garde le gouvernement qu'elle a. Seule, la Prusse préférerait une restauration bonapartiste, qui lui assurerait une guerre prochaine, avec la perspective d'un nouveau démembrement de la France.

La Prusse trouve qu'elle ne nous a ni assez amoindris, ni assez rançonnés.

La République ne peut avoir d'autre préoccupation que celle de refaire la France par la paix et de la relever ainsi dans le concert des nations.

C'est aux habitants de nos campagnes, en tant

que pères de famille, à démêler leur véritable intérêt, qui n'est pas, à coup sûr, de faire une
révolution nouvelle.

LA RÉPUBLIQUE, C'EST L'ÉCONOMIE

L'empire était prodigue de l'argent des contribuables ; il dotait magnifiquement le souverain ; il
assurait à chaque sénateur un viager de 30,000 fr. ;
il entretenait une foule de sinécures à traitements
considérables ; il engraissait de nombreux courti-
sans, gens faméliques, dépensiers et besoigneux ;
il multipliait les emprunts ; il guerroyait enfin sans
cesse et à grands frais.

La République a dû payer le coût de la guerre
folle où l'empire s'était témérairement engagé, et
de là les nouveaux impôts, dont elle ne saurait
avoir la responsabilité ; sinon autant vaudrait
reprocher à l'héritier qui acquitte les dettes de la
succession de faire honneur aux engagements du
défunt.

La République n'assure à son Président qu'un
traitement relativement modeste, et à ses députés
et sénateurs qu'une allocation sans laquelle les
riches seuls pourraient arriver au Sénat et à la
députation, ce qui serait en contradiction avec
l'esprit démocratique.

Les contribuables ont donc grand intérêt à ce
que la République s'affermisse, car un changement
de gouvernement ne pourrait qu'accroître les
charges de l'État..., par conséquent les leurs.

LA RÉPUBLIQUE & LES AFFAIRES

Des prophètes sinistres prétendaient qu'avec la République on n'aurait ni commerce, ni récoltes.

Les récoltes de 1874 et de 1875, notamment, leur ont donné tort.

La prospérité générale a fait retour au pays. Ce qui en témoigne, c'est le taux de la rente et des diverses valeurs mobilières, qui sont en hausse persistante ; c'est le rendement des impôts, qui donnent au-delà des prévisions, à tel point que le déficit redouté sera comblé ; c'est le chiffre du commerce extérieur d'importation et d'exportation , qui dépasse celui des plus fortes années de l'empire.

Le gouvernement républicain n'est donc pas défavorable au commerce et à l'industrie, et il serait peu sage de le changer pour courir des aventures où la fortune du pays — et avec elle la fortune des particuliers — pourraient disparaître.

LA RÉPUBLIQUE, C'EST LA FIN DES RÉVOLUTIONS

Il y a, en France, trois partis monarchiques qu'on ne réussira jamais à mettre d'accord.

Que l'un ait le dessus, les deux autres lui feront opposition et l'empêcheront de s'affermir.

Nos révolutions successives en sont la preuve. N'est-il pas préférable de garder le régime actuel, qui reste ouvert à tous les bons citoyens ?

M. Thiers l'a dit : La République est ce qui nous divise le moins.

Qui sait à quels malheurs nous conduirait son renversement ? Elle nous a déjà donné la paix, la libération du territoire, la reprise des affaires. Que sera-ce donc quand elle sera solidement établie ?

LA RÉPUBLIQUE ET L'INSTRUCTION

L'instruction est devenue de nos jours une nécessité sociale. L'intérêt du pays veut que personne ne reste ignorant. Celui qui ne sait ni lire ni écrire est dans un état d'infériorité dont il souffre sa vie durant.

Le père de famille qui prive volontairement son enfant de toute instruction méconnaît son devoir.

Il serait bon que la loi ne le lui permît pas. Elle devrait pourtant respecter le plus possible sa liberté en n'exigeant pas que l'enfant aille à une école plutôt qu'à une autre, et en se contentant au besoin de le laisser instruire au domicile paternel.

Ainsi compris et appliqué, le principe obligatoire, en matière d'instruction primaire, n'a rien d'inacceptable, et les déclamations de ses adversaires ne s'inspirent, en réalité, que de leur hostilité plus ou moins avouée à l'instruction du peuple.

L'Allemagne, la Suisse, les États du Nord, la Hollande, l'Angleterre, les États-Unis, la Russie même ont adopté ou sont en train d'adopter l'obligation.

Serons-nous donc les derniers du monde civilisé à nous l'approprier ?

Dans un pays de suffrage universel, il importe que les citoyens aient tous assez d'instruction pour choisir en connaissance de cause. Ils doivent pouvoir lire et écrire leur bulletin ; cela est indispensable à l'indépendance et au secret de leur vote ; sinon ils risquent de n'être que des machines électorales entre les mains d'exploiteurs apostés pour tirer profit de leur ignorance.

La République, est-il besoin de le dire, inscrit dans son programme l'instruction obligatoire.

LA RÉPUBLIQUE ET LA RELIGION

Les détracteurs de la République prétendent qu'elle est opposée à la religion.

Ils font à cet égard — et à dessein — une confusion contre laquelle il est bon de se prémunir.

La religion repose sur un sentiment inné au cœur de l'homme. Elle est essentiellement respectable.

C'est elle qui engendre dans la grande multitude des consciences la moralité, dont aucune société, républicaine ou monarchique, ne saurait se passer.

Sa mission est de réveiller les consciences, d'éclairer les âmes, de fortifier les cœurs, de tendre à faire des hommes.

Ses représentants ont donc droit au respect et aux égards, comme à toute la liberté compatible avec les lois et la liberté d'autrui.

Mais qui dit religion ne dit pas cléricalisme. Le cléricalisme est l'intérêt mal entendu du clergé mis à la place de l'intérêt de la religion.

Le cléricalisme tend à la domination. Il appelle liberté du mal la liberté de ses adversaires.

Voué à l'obscurantisme, il s'identifie à la réaction politique.

Écouté dans ses prétentions, il nous ramènerait à l'ancien régime.

Le triomphe des doctrines du *Syllabus*, c'est-à-dire l'anéantissement de la société moderne, est le but qu'il poursuit.

Nombre d'ecclésiastiques qui s'en rendent compte le déplorent ; mais ils n'y peuvent rien.

Le cléricalisme constitue un immense danger national. Le combattre est un devoir qui s'impose aux esprits libéraux.

Si la France en venait à confondre sa cause avec

la sienne, elle coaliserait contre elle l'Europe, dont les avertissements lui sont déjà venus.

L'Allemagne, qui veut notre perte, n'a pas d'autre désir que de nous voir engager dans la voie cléricale. Elle calcule déjà tout le profit qu'elle en tirerait.

C'est à l'empire que nous sommes redevables des progrès accomplis par le cléricalisme.

Les Napoléon ont toujours eu pour principe de gouvernement d'accorder beaucoup au clergé afin d'en obtenir le plus possible.

A la veille du Concordat, on conseillait à Napoléon Ier de laisser les églises se relever d'elles-mêmes et vivre désormais de leurs seules ressources.

Il s'y refusa ; il aima mieux, en despote qu'il était, les rattacher à l'État par le lien du salaire, afin de les tenir sous sa main, et il ne cessait de répéter : « Vous verrez quel parti je saurai tirer des prêtres ! »

Napoléon III s'est inspiré de Napoléon Ier. Sous son règne, le clergé a beaucoup reçu, et encore plus demandé.

Ce serait bien autre chose si Napoléon IV revenait. L'influence de l'impératrice s'ajouterait à celle des traditions de famille.

On peut s'en convaincre par l'alliance actuelle du bonapartisme et du cléricalisme.

Ils ont confondu leurs intérêts.

N'ayant plus à espérer du côté de Henri V, le cléricalisme s'est retourné du côté des Bonaparte. Ils se sont associés pour se partager la domination universelle.

Veut-on s'y prêter dans nos campagnes ?

CONCLUSION

La République est en harmonie avec l'esprit et l'intérêt des cultivateurs.

Des préjugés seuls peuvent faire supposer le contraire.

Le cultivateur doit tout à la Révolution française. Sans elle, la constitution de la propriété serait demeurée ce qu'elle était auparavant, et telle qu'elle existe encore en Angleterre.

Or, la République seule reste sincèrement fidèle aux principes de 89 et entend les appliquer.

La République dégage forcément une influence démocratique d'égalité et de justice; elle est l'adversaire des privilèges.

La République assure la paix. Elle restreint les cas de guerre à la défense du sol de la patrie. Elle substitue ainsi l'intérêt du pays à l'intérêt égoïste d'une dynastie royale ou impériale.

La République, c'est l'économie apportée dans la gestion des finances publiques, au grand profit des contribuables.

La République, c'est la digue opposée aux envahissements du cléricalisme. C'est l'émancipation des esprits, c'est la libération des consciences.

La République, enfin, c'est la clôture des révolutions : c'est le salut de la France : c'est l'unique moyen de conjurer les signes menaçants de notre déchéance.

Que nos concitoyens des campagnes le reconnaissent.

Il y va de leurs intérêts les plus chers, les plus légitimes, les plus immédiats.